DESSINS ANCIENS

DE

TOUTES LES ÉCOLES

du XVe au XIXe Siècles

PROVENANT

De la Collection du Mis de V.

Deuxième Partie

Le Peintre-Graveur Illustré

(XIXe & XXe SIÈCLES)

par LOYS DELTEIL

OUVRAGE HONORÉ D'UNE SOUSCRIPTION DU MINISTÈRE DE L'INSTRUCTION PUBLIQUE ET DES BEAUX-ARTS

TOME Ier. — MILLET, ROUSSEAU, DUPRÉ, JONGKIND.
Épuisé.

TOME II consacré à CHARLES MERYON

1 volume in-4° de 190 pages, orné de portraits de MERYON, de 154 fac-simile et d'une eau-forte originale de MERYON.

40	Exemplaires de luxe	**Épuisés**
400	Exemplaires avec l'eau-forte de MERYON. . .	**25** francs
200	— sans eau-forte	**20** —

EN PRÉPARATION *pour paraître en mars 1908 :*

TOME IIIe consacré à INGRES et à EUG. DELACROIX

EN PRÉPARATION *pour paraître en mai 1908 :*

TOME IVe consacré à ANDERS ZORN.

MANET, Graveur et Lithographe, par ET. MOREAU-NÉLATON :
1 vol. in-4°, orné de 125 reproductions

20	Exemplaires sur japon à	**60** francs
205	— sur papier couché à	**40** —

L'ŒUVRE LITHOGRAPHIQUE
DE

FANTIN-LATOUR

Catalogue complet de ses lithographies reproduites et réduites par le procédé héliographique de J. BOYET

1 album de format in-folio, offrant, par le meilleur des procédés et dans les dimensions les plus grandes possibles, la reproduction de toutes les lithographies de FANTIN-LATOUR.

Cet ouvrage, tiré sur très beau papier, est limité à 125 exemplaires numérotés, dont 100 seulement mis dans le commerce.

Prix de l'Exemplaire . . . . **100** francs

13/14 Février 1908

(N° 148)

COLLECTION DU M^IS^ DE V*** Valori

(2e PARTIE)

Vente des 13 et 14 Février 1908

HOTEL DROUOT — SALLE N° 11

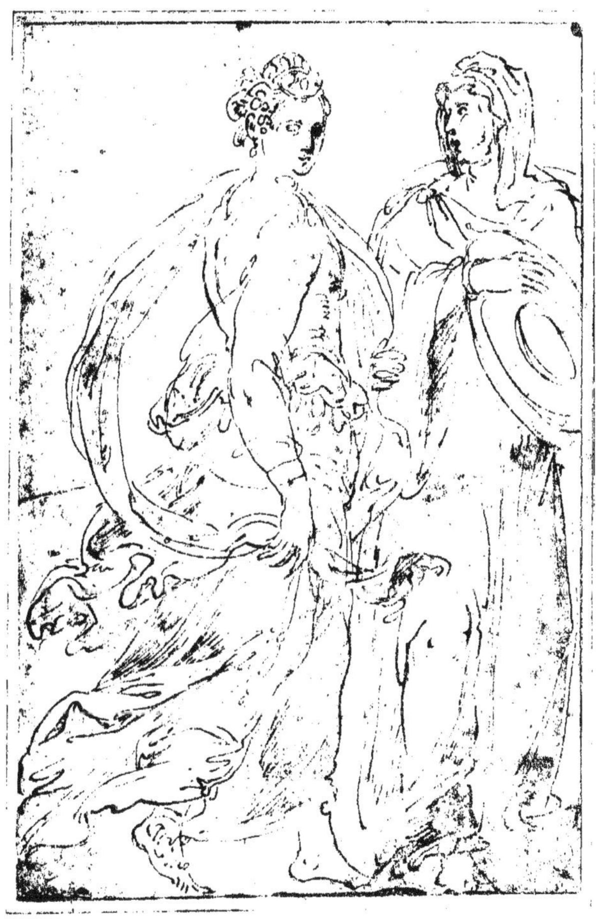

Dessins Anciens et Modernes

Me F. LAIR-DUBREUIL — M. LOYS DELTEIL

CATALOGUE

DES

DESSINS ANCIENS

DES ÉCOLES

ALLEMANDE, ANGLAISE, ESPAGNOLE, FLAMANDE,
HOLLANDAISE, ITALIENNE, BOLONAISE, FLORENTINE, LOMBARDE,
ROMAINE, VÉNITIENNE ET AUTRES.

École Française du XVe au XIXe siècle

AQUARELLES, GOUACHES MINIATURES

PROVENANT

De la Collection du Mis de V.

Deuxième Partie

Dont la vente aux enchères aura lieu

HOTEL DES COMMISSAIRES-PRISEURS, Rue Drouot, No 9

Salle No 11.

Les Jeudi 13 et Vendredi 14 Février 1908

à deux heures.

Commissaire-Priseur	*Expert*
Me F. LAIR-DUREUIL	M. LOYS DELTEIL
6, Rue Favart, 6	2, Rue des Beaux-Arts, 2

PARIS 1908

CONDITIONS DE LA VENTE

Elle sera faite au comptant.

Les adjudicataires paieront *dix pour cent* en sus des enchères.

M. LOYS DELTEIL remplira les commissions que voudront bien lui confier les amateurs ne pouvant y assister ; il se réserve la faculté de diviser ou de rassembler les lots.

En outre, certaines des attributions portées au catalogue, n'ayant pu être contrôlées, par suite d'une circonstance particulière, l'expert se réserve le droit de modifier quelques attributions au cours de l'exposition ou pendant la vente.

MM. les amateurs pourront visiter la collection, *2, rue des Beaux-Arts*, du Samedi 8 au Mercredi 12 Février 1908 (le Dimanche excepté), de 2 heures à 5 heures.

L'ordre du catalogue sera suivi.

DÉSIGNATION

Ecole Allemande

BEHAM (attribué à Hans Sébald.)

1. Hercule étouffant un homme.

Plume en médaillon.

CRANACH (attribué à)

2. Paysage.

Plume.

DENNER

3. Un Moine entre deux personnages.

Crayon noir.

DURER (Albert)

4. Paysage.

Plume et sépia,rehauts de blanc.

Signé du monogramme au pied de l'arbre ; sur papier gris plâtré.

DURER (attribué à Albert)

5. Une Vierge assise avec Jésus sur ses genoux. — Saint Georges à cheval, copie. Deux dessins.

Plume et sanguine.

GOLTZIUS (attribué à Henry)

6. Un Seigneur et un nègre. — Etude d'Amours. Deux dessins.

Plume.

GOTTISCH (de Leipzig)

7. Cartouche formé de fleurs et d'oiseaux.
Plume.

LIOTARD (attribué à)

8. Jeune fille tenant un enfant.
Sanguine.

SCHOUGAUER (Ecole de Martin)

9. Un Lansquenet. — Ornement, moitié de cartouche. Deux dessins.
Plume et lavis.

STRADAN (J.)

10. Chasse au sanglier.
Plume.

ÉCOLE ALLEMANDE (XVe siècle)

11. Un Moine fait jaillir l'eau d'une roche sous l'influence de satan, habillé en nain.
Plume.

ÉCOLE ALLEMANDE (XVIe siècle)

12. Un Alphabet de majuscules pour tête de chapitre d'une grande Bible. Dans l'intérieur de l'ornementation de chaque lettre est un sujet de l'Ancien Testament.
Plume et lavis.

13. Un Ornement de ferronnerie.
Lavis rehaussé de gouache sur papier plâtré.

Ecole Anglaise

BONINGTON (attribué à R. P.)

14. Statue équestre de Colleone, à Venise.

Mine de plomb.
L'aquarelle est au musée du Louvre.

15. Le Beffroi.

Importante aquarelle

CASANOVA (François)

16. Une bataille.

Lavis de bistre. Signé, Casanova, 1770. Cachet de collection.

Ecole Espagnole

CARRENO

17. Personnage assis.

Pierre noire, signé.

CUNO (A.)

18. La Vierge tenant l'enfant Jésus dans ses bras.

Sanguine rehaussée de blanc.

HERRERA le Vieux

19. Un Moine à genoux tient un bâton de pèlerin ; sur une pierre est un livre, devant un chien couché.

Pierre noire.

LUCAS (attribué à)

20. Une Dispute.

Lavis d'encre de Chine.

MAGUS (Jean-Baptiste)

21. Son Portrait dans une cartouche.

Plume. C'est l'auteur de la bataille de Perrauda, qui se trouve au Buen-Retiro.

MURILLO (B.-E.)

22. Deux Evêques agenouillés.

Pierre noire mis au carreau.

33. Jésus enfant, parle entre la Vierge et Saint-Joseph, assis dans un jardin. — La Visite à Sainte-Elisabeth. — Deux dessins.

Plume et lavis.

24. Un Moine mort, tient une croix sur sa poitrine.

Pierre noire et sanguine Cachet de collection G. C.

25. Saint debout devant un autel ; deux anges planent sur sa tête.

Lavis rehaussé de couleurs.

26. Saint François et des anges.

Pierre noire.

27. Un Saint en adoration élevant le Saint-Sacrement entouré d'anges.

Plume et lavis de sépia. Signé.

28. Un Moine agenouillé sur une tombe, prie les bras étendus.

Crayons de couleurs.

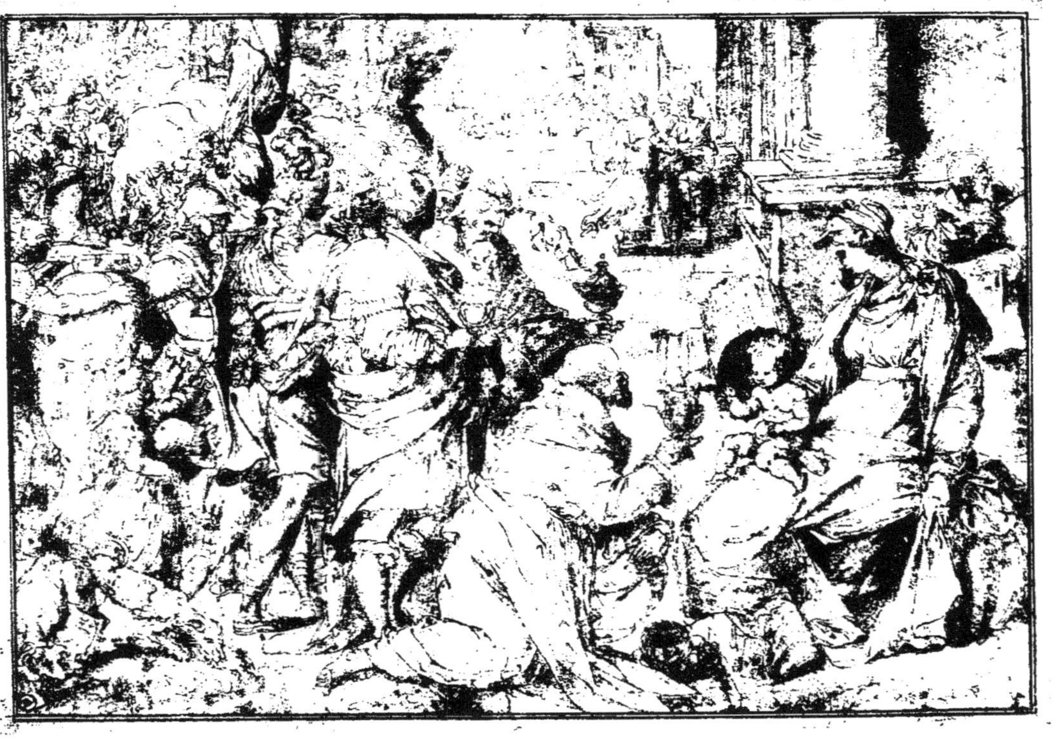

N° 95 du Catalogue.

MURILLO

29. Vieille femme agenouillée. — Un Ostensoir. Deux dessins.

Plume et pierre noire.

30. La Vierge portée sur un Nuage par des Anges. — Tête grandeur nature pour le Saint en adoration devant le Saint-Sacrement. Deux dessins.

Plume.

MURILLO (attribué à)

31. Saint-Jacques de Compostel. — Sujet religieux. Deux dessins.

Bistre et sanguine.

NEESSA (Alonzo de)

32. Une Sainte, les mains jointes.

Pierre d'Italie sur papier teinté rose.

RIBERA (Joseph)

33. Le Miracle de Belsence.

Belle composition à la sanguine.

ROBIERCE

34. Saint-Jérôme.

Plume.

SANCHEZ COELLO

35. Un Hidalgo en manteau rouge.

Pierre noire et sanguine sur papier gris.

VELESQUEZ

36. Son Portrait.

Plume. Cachets de collections B. W. — D. C.

37. Portrait de Gustave Vasa, à cheval, couronné par un Amour.

Plume et lavis.« C'est le dessin du grand tableau qui se trouve au Musée de Turin sous la dénomination de Van Dyck. Cette dénomination, contestée à juste titre par ceux qui le donnèrent à Vélasquez trouve sa preuve dans ce dessin incontestablement de la main de Vélasquez, et surtout dans l'examen de la date de Van Dyck et Wasa. Wasa est mort en 1579, et Van Dyck est né en 1599 ».

38. Deux Personnages debout, le chapeau à la main.

Pierre noire, rehaussé de blanc sur papier gris.

39. Etude de femme drapée, vue de dos.

Vigoureux dessin à la plume lavé d'encre de Chine.

40. Un Lansquenet. — Un Page. Deux dessins.

Pierre noire, le premier est mis au carreau

41. Un Cavalier et trois jeunes femmes.

Plume.

42. Un Roi sur son trône reçoit un personnage agenouillé; un grand nombre de seigneurs et de lansquenets l'entourent. Au-dessus de la composition autre dessin représentant le groupe principal.

Sanguine.

43. Une Bataille. — Portrait de moine. Deux dessins.

Pierre noire et sanguine.

VULDEZ (Leal)

44. Un moine debout, en prière.

Pierre noire, sur papier teinté rouge.

ZURBARAN

45. Saint François en prière. — Un Moine assis. Deux dessins.
Plume et sanguine. Marque de collection FF sur le deuxième.

Ecole Flamande

AMMAN (Jost)

46. Martyre d'un Saint.— La Vie de Jésus (Douze petits sujets). Deux dessins.
Plume

BREUGHEL LE VIEUX (attribué è Pierre)

47. Le Repas gras et le repas maigre.
Plume et lavis, a été gravé.

48. Retour de la foire.
Plume et aquarelle.

COXIS (Michel de)

49. Le Calvaire ; au bas, une frise représentant les apôtres.
Plume et lavis.

50. Lucrèce ; au verso étude de chevaux.
Plume et lavis.

CRAESBECK (Josse Van)

51. Ecce Homo. Grande composition en hauteur.
Plume et lavis Signé des Initiales.

DYCK (Antoine Van)

52. Moine à genoux.

Pierre noire.

DYCK (d'après Antoine Van)

53. Portrait de Van Loon.

Lavis de sépia

DYCK (attribué à Ant. Van)

54. Portrait de Moine.

Crayons de couleurs.

55. La Vierge et l'Enfant Jésus.

Pierre noire.

DYCK (Ecole de Antoine Van)

56. Descente de Croix.

Plume et lavis de sépia.

57. La Vierge et les Saintes femmes agenouillées près du corps de Jésus.

Plume et lavis de sépia rehaussé de gouache.

58. La Vierge fait embrasser l'Enfant Jésus à un Saint.

Lavis d'encre de Chine rehaussé de blanc sur papier gris.

GRIF (attribué à Ant.)

59. Deux oiseaux attachés à un clou.

Aquarelle.

JORDAENS (attribué à Jacques)

60. Etude d'homme nu assis.

Crayons de couleurs.

MEMLING (d'après Hans)

61. Meurtre de Thomas Becquet, au verso, figure d'Evêque.

Plume.

POURBUS (François)

62. Une bataille (Arques ou Ivry) avec les régiments distincts et le nom des chefs. Nombreuses figures. Au verso : Henri IV en Hercule tient de la main gauche la couronne royale. Un personnage symbolisant la paix est devant et à ses pieds, un centaure et un livre.

Importante composition à la plume d'un grand intérêt historique.

63. Le Calvaire. Dans un groupe se trouve le portrait de l'artiste.

Plume.

64. Portrait de jeune homme avec large collerette.

Crayons de couleurs.

ROES (Nicolas)

65. Un Lansquenet soutenant un écu.

Plume et lavis de bistre signé des Initiales.

RUBENS (d'après Pierre Paul)

66. Massacre des Innocents.

Pierre noire et lavis de bistre.

67. Tête de jeune garçon.

Pierre noire et sanguine.

68. Un Evêque prêchant. — La Vierge portant l'Enfant Jésus, apparaît à Saint François. Deux dessins.

Lavis de sépia.

RUBENS (Ecole de Pierre Paul)

69. Le Christ descendu de la Croix, entouré par les Saintes femmes.

Plume et crayon noir.

70. Etude de deux enfants endormis.

Pierre noire

TÉNIERS (attribé à David)

71. Deux fumeurs. — Un marché. – Deux dessins.

Plume et crayon noir.

TÉNIERS (D après David)

72. Danse de Paysans.

Gouache

ÉCOLE FLAMANDE (XVe siècle)

73. Portraits d'un seigneur et d'une dame.

Croquis à la plume avec notes manuscrites et indication des couleurs.

74. Une sainte tenant un ciboire. — Deux femmes drapées. Deux dessins.

Plume et pierre noire.

75. La Vierge allaitant l'Enfant Jésus.

Plume.
Attribué à J. Van Eyck.

76. Trois personnages debout.

Plume. Attribué à Lucas de Leyde

École Française du XVe au XVIIIe siècle

ALLARDIN (Jean)

77. Le Crucifix avec Saint Jean et la Vierge. Fond de ville.

Plume et lavis pour un vitrail.
Signé au verso, *Jean Allardin, vitrier.*

ALLARDIN (Pasquier)

78. Une chasse au cerf. — Seigneurs et dames se promenant près d'un château. — Les Atalentes. Trois dessins.

Plume et lavis.

BELLANGÉ (Jacques)

79. Une femme agenouillée. — Une femme en pied, vue de dos. Deux dessins.

Plume et pierre noire.

BOSSE (attribué à Abraham)

80. Un lansquenet. — Un page déchausse un seigneur qu'on va coucher. Deux dessins.

Plume et lavis d'encre de Chine.

BOUCHARDON (attribué à Edme)

81. Un commissionnaire portant un crochet de bois.

Lavis d'encre de Chine.

BOURDICHON (Jean)?

82. Portrait du Roi Louis XI, représenté de profil à gauche.

Sanguine.

83. Une Empirique est consultée par des Seigneurs.

Au verso est écrit : *Vous qui avez mal naits, langue et bouche, vous guérirai devant que ne me couche.*
Plume.
Signé du monogramme J. B.

BOURDON (Sébastien)

84. Le mariage mystique de Sainte Catherine.

Plume et lavis d'encre de Chine.

BRY (Théodore de)

85. L'Agriculture, médaillon.

Plume.
Cachet de collection.

CALLOT (attribué à Jacques)

86. Figures grotesques. Deux dessins.

Plume.

CARESME (Philippe)

87. Allégorie mythologique.

Plume avec rehauts d'aquarelle.

CHARDIN (Ecole de J.-B. S.)

88. Une Nourrice. — Un Muscadin. Deux dessins.

Sanguine.

CHARTRES (le Maître de)

89. Deux Termes, recto et verso.

Plume. Ont été gravés dans la collection des Termes. Marque N. dans le filigrane de papier.

CLODION (attribué à)

90. Vase avec figures.

Plume et Aquarelle.

CLOUET DIT JANET (Ecole de)

91. Une dame en costume, la tête légèrement indiquée. Etudes de manches.

Pierre noire.

CONOIS (Garmodius)

92. *La violation d'Ipius la Pucelle ou Jouvenceau et le sacrifice qui fict à la déesse Iris.*

Plume et lavis rehaussé de gouache.

COURT (Emailleur de Limoges)

93. Moïse faisant retomber les eaux sur les Egyptiens.

Plume et lavis d'encre de chine, signé à droite.

COUSIN (Jean)

94. Son portrait au milieu d'un fragment d'une grande composition, gravée par le Vénitien.

Sanguine.
Marques des collections : Christine de Suède, Richardson, Van der Faes, Coypel et autres.

95. L'Adoration des Mages.

Belle composition à la plume et au lavis.

96. Berger et son troupeau effrayés par la foudre.

Plume et lavis de bistre.

97. Composition dans un paysage avec motifs d'Architecture. — Saint Luc peignant. Deux dessins.

Plume et lavis de bistre et d'encre de Chine.

98. Femme assise et Amour. — Travaux d'Hercule. Trois dessins.

Plume et lavis.

99. Figure d'homme pour les proportions anatomiques. — Jésus chassant les vendeurs du Temple. — Un enfant et un dragon. Trois dessins.

Plume et lavis d'encre de Chine.

100. Frontispice de livre avec architecture et figures. — La Vierge ayant sur ses genoux le corps du Christ. — Une Piété dans un Paysage. Trois dessins.

Plume et lavis.

101. Le Jugement dernier.

Importante composition à la plume lavée d'encre de Chine, en médaillon.

A été gravée par Sadeler dont on a joint la gravure.

102. La Mise au Tombeau. — Un Paysage. Deux dessins.

Plume, lavis et sanguine.

103. La Naissance de l'Amour. Au verso, autre dessin.

Plume et lavis d'encre de Chine.

104. Un Neptune au combat. — Les Saintes femmes gardant le corps de Jésus descendu de la croix. — L'apothéose de la Vierge. Trois dessins.

Plume et lavis.

COUSIN

105. La Pêche miraculeuse.

Important dessin à la plume pour être fait sur deux volets. La légende du sujet est de Jean Cousin et la peinture était à Meaux.

106. Le Père éternel, entouré d'anges apparaît à trois patriarches. — Dieux apparait aux Patriarches. Deux dessins.

Plume et lavis de Sépia, un est rehaussé d'aquarelle.

107. Personnages qui semblent empruntés à la transfiguration. — Alcyon assis sur un Dauphin. — Personnage nu avec un manteau flottant. — Vénus et le Berger Pâris. Quatre dessins.

Plume et lavis.

108. Population fuyant devant un incendie.

Plume et lavis.

109. Rebecca avant de partir avec Eliezer reçoit la bénédiction paternelle.

Belle composition à la plume et au lavis de bistre.

110. Le Serpent d'Airain (attribué).

Grande composition à la plume animée de nombreuses figures.

A été gravée par Etienne Delaune.

111. Vue de Ville dans une campagne avec personnages. — Vue de Ville avec personnages sur un bateau. — Le Baptême de Jésus au désert. Trois dessins.

Plume lavis et Camaïeu.

COUSIN (attribué à Jean)

112. Ensevelissement d'un vieillard.

Plume et lavis.

113. Une grande bataille, dans un paysage accidenté.

Plume.

COYPEL (Charles)

114. Jésus apparait à Madeleine.

Pierre noire rehaussée de blanc, sur papier gris.

COYSEVOX

115. Croquis pour le Tombeau du pape Clément VII.

Sanguine.

DELAULNE (Etienne)

116. Sujets pour la vie de Jésus. Trois dessins.

Plume et lavis d'encre de Chine.

117. Vase orné. — Sujet religieux. Deux dessins.

Plume et lavis ; le second rehaussé de gouache.

DELORME (attribué à Philibert)

118. Façade architecturale avec bustes.

Plume et lavis de sépia.

DUBOIS (XVIIIe siècle)

119. Le Sauveur. — Apollon plane au-dessus d'un paysage. Deux dessins.

Plume et lavis de bistre.

DUBREUIL (Toussaint)

120. Grande Saturnale avec Temple. — Femme et enfants. Deux dessins.

Plume et lavis.

DUCERCEAU (Androuet)

121. Chasse au sanglier. — Motifs de décoration. Deux dessins.
Plume et lavis.

122. Jésus sous un dôme soutenu par des Cariatides. — Deux fenêtres. — Coupe d'architecture. Trois dessins.
Plume et lavis de sépia.

DUMOUSTIER (Geoffroy)

123. Une Fête champêtre dans les jardins d'un château.
Plume.

DUPLESSIS (Joseph-Siffride)

124. Un Gentilhomme à cheval.
Pierre noire rehaussée de blanc sur papier gris.

EISEN (attribué à Charles)

125. Sujets d'Amours Trois dessins.
Crayon noir.

FOUQUET (attribué à Jean)

126. L'Annonciation. — Jésus dans un limbe.
Deux miniatures avec fonds or.

FRÉMINET

127 Animaux fantastiques, modèles de bijouterie.
Plume et lavis de bistre.

128. Une pièce d'orfèvrerie, représentant un vaisseau soutenu sur un flot par deux amours.
Plume et lavis de Sépia.

GAULTIER (Léonard)

129. L'Annonciation.

130. Cartouches pour frontispices. Deux dessins.

Plume et lavis.

131. La Vierge. — Jésus-Christ. — L'Annonciation. — Vierge debout. — Un grand Prêtre. Cinq dessins.

Plume et lavis.

132. Vue de Paris.

Gravure enluminée.

GAULTIER (attribué à Léonard)

133. Dalila et Holopherme.

Plume.

GELLÉE (Claude dit le Lorrain)

134. Chasse au Sanglier ; au premier plan femme portant des paniers et des amphores.

Belle composition à la plume et au lavis. Collection Flury-Hévard n° 324.

135. Corbeille sur une Console. — Paysage accidenté avec figure. — Porte de Village. Trois dessins.

Plume et lavis de Sépia.

136. Etudes d'arbres au bord d'une rivière. — Paysage avec chèvres. — Un bois, au verso, étude d'arbres. Trois dessins.

Plume et lavis.

137. Groupe d'arbres. — Paysage accidenté avec figures. — Vue de Château et Village. Trois dessins.

GELLÉE

138. Un groupe d'arbres. — Le Départ d'Ulysse. — Une Villa. Trois dessins.

Plume et lavis de Sépia.

139. Paysage.

Plume et lavis d'encre de Chine. Collection J. Spincer.

140. Vue de la Villa Médicis, et de la campagne de Rome (Attribué).

Plume et lavis de Sépia.

GENTIL (François)

141. Scène de l'Histoire romaine.

Plume et lavis de Sépia. Marque au vase fleuronné dans le filigrane de papier.

GENTIL (attribué à François)

142. Sujet Historique : Guerriers et évêque.

Plume et lavis d'encre de Chine, rehaussé de Gouache ; mis au carreau pour la peinture.

GOUJON (Jean)

143. Mars, Vénus et un fleuve.

Crayon noir, plume et lavis.

144. Une femme agenouillée ayant une amphore devant elle, parle à un homme debout. — Paysage avec figures. — Croquis d'après une fresque de la chapelle Sixtine. Groupe mythologique. Quatre dessins.

Plume.

145. Figures de Vénus et l'Amour, projet pour une suclpture sur bois. — Grande composition mythologique, dessinée au recto et au verso. Deux dessins.

Plume et lavis, le premier rehaussé de gouache.

GOUJON (Jean)

146. Deux figures de femmes debout et drapées.

Plume et lavis.

147. Léda assise sous des arbres, tient la tête du Cygne qui est posée sur ses genoux. — Femme couchée au pied d'un arbre dans un paysage et, à côté Pan joue du Chalumeau. Deux dessins.

Plume et lavis.

148. Projet de fronton. — Projet de deux statues drapées. — Figure de femme debout symbolisant la Police. Trois dessins.

Plume et lavis de Sépia.

149. Un Fleuve.

Pierre noire.

GOUJON (attribué à Jean)

150. Trois femmes assises sur un char. — Chasse au sanglier. — Intérieur de Palais avec sujet : Psyché et l'Amour. Trois dessins.

Plume et lavis.

151. Projet de monument avec bas reliefs et statues. — Façade Intérieure du Palais du Louvre. Deux dessins.

Plume et lavis.

152. Tête de jeune femme, vue de profil. — Figure de la Patience. Deux dessins.

Crayon noir.

GRASSAT, vitrier (attribué à Toussaint)

153. Le Cénacle, dessin pour vitrail.

Plume.

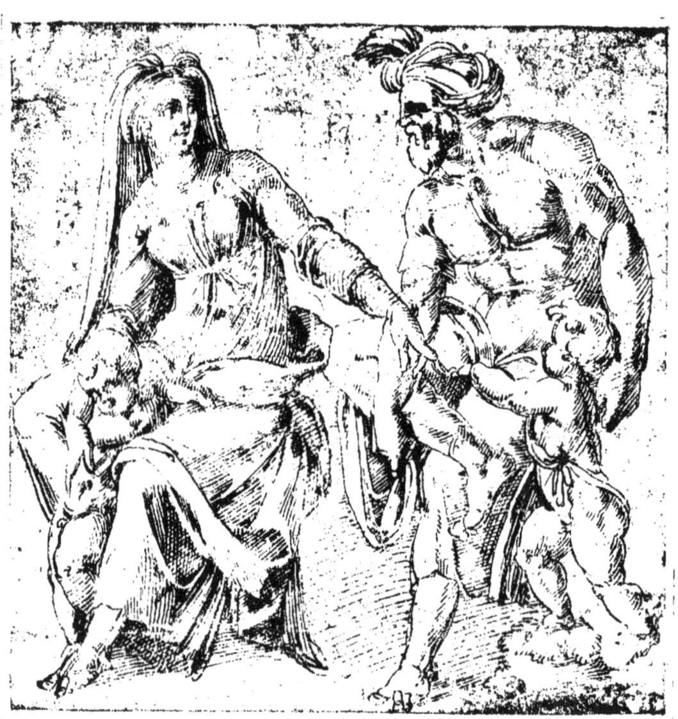

N° 319 du Catalogue.

GRÉGOIRE D'AIX

154. Paysage.
Encre de Chine.

GREUZE (Jean-Baptiste)

155. Femme nue, étude pour la mère fâchée.
Sanguine, pierre noire et estampe.

156. Portrait du Dauphin Louis XVII fait au Temple.
Sanguine.

157. Tête d'enfant.
Crayon noir et lavis de bistre.

158. Tête d'enfant, grandeur nature.
Pierre noire et estampe.

HYMPHE (attribué à Jacob)

159. Jacob et Rebecca.
Plume et lavis d'encre de Chine, sur papier marqué à l'écu, avec trois pots.

JACQUES D'ANGOULÈME (attribué à Maître)

160. Saint Luc, appuyé sur l'animal mystique,est assis écrivant sur un livre ; à droite étude de tête. — Un Ange, au verso, une mise au tombeau. Deux dessins.
Plume et lavis.

LARGILLIÈRE (Nicolas de)

162. Un Magistrat debout dans son cabinet.
Crayon noir.

LAUGEL

164. Les Moines en goguette font une partie de plaisir en bateau.
Dessin au lavis d'encre de Chine, rehaussé de blanc sur papier gris plâtré.

LEBRUN (Charles)

163. L'Amour fouetté.
Pierre noire et lavis d'encre de Chine. Collection Daméry.

LE DUC (attribué à)

164. Deux miquelets assis et fumant.
Lavis de bistre.

LESUEUR (Eustache)

165. Deux Amours.
Pierre noire, rehaussé de blanc sur papier chamois.

166. Jésus, vu de profil. — Prédication de Saint-Pierre. — Saint-Bruno en prière. — Moine debout. Quatre dessins.
Pierre noire, lavis et aquarelle.

LEU (Thomas de)

167. Portrait de Claude Expilly dans un entourage orné d'Amours.
Plume ; a été gravé.

MASSON (Antoine)

168. Portraits d'hommes. Deux dessins.
Pierre noire et estompe.

MEULEN (A.-F. van der)

169. Portrait du grand Condé.
Lavis d'encre de Chine, rehaussé de gouache.

MIGNARD (Pierre)

170. Le Mariage de la Vierge.
Sanguine. Le tableau est dans une des églises d'Avignon.

MOREAU LE JEUNE (J.-M.)

171. Mort de Lucrèce.
Plume et aquarelle.

NATOIRE (François-Charles)

172. Portrait d'une des filles du Régent.
Pierre noire rehaussée de blanc sur papier bleu.

NANTEUIL (Robert)

173. Portrait de l'abbé Fouquet.
Pierre noire et pastel.

OUDRY, PARROCEL

174. Un Sanglier. — Deux chevaux. Trois dessins
Pierre noire et sanguine.

PARROCEL (Charles)

175. Une Armée en marche.
Pierre noire. Marque de la Collection Crozat.

PETIT BERNARD

176. Des Moines dans un arbre. — Les noces de Jacob. Deux dessins.
Plume et lavis.

PETIT BERNARD (attribué au)

177. La Manne au désert.
Plume et lavis.

PILLEMENT (Jean)

178. Jeune Breton avec sa musette.
Crayon noir et aquarelle.

PILON (Germain)

179. Femme drapée. — Figure debout et drapée. Deux dessins.
Plume et lavis de sépia.

180. Groupe d'Amours.
Sanguine.

181. Projet pour une statue d'Aristotelès. Autre étude au verso.
Pierre noire.

PILON (attribué à Germain)

182. La Paix met, avec une torche, le feu aux emblèmes de la Guerre.
Plume et lavis, rehaussé de gouache.

PINÉGRIER

183. Mucius Scévola. Composition pour un vitrail. La plomberie est indiquée à la sanguine.
Plume et lavis de bistre.

POUSSIN (Guaspre)

184. Paysage avec figures.
Plume sur papier gris.

POUSSIN (Nicolas)

185. Apollon sur des nuages, entouré d'Amours. Sur la bordure, sont les dieux de l'Olympe. Belle décoration pour plafond.
Plume et lavis de sépia.

186. Une Atalante. — Apollon et les Muses. — Personnages antiques devant une statue de Diane. Trois dessins.
Plume et lavis de sépia.

187. Un des bergers d'Arcadie. — Rebecca et les femmes à la Fontaine. Deux dessins attribués.
Plume et sanguine.

POUSSIN (Nicolas)

188. Cartouche avec sujet, supports et personnages sur une ruine.
Plume.

189. La Création du Monde.— La Toilette de l'Enfant Jésus. — Le Vol du troupeau d'Alcmède. Trois dessins.
Plume et lavis de sépia.

190. La Cueillette des olives.
Plume et sanguine.

191. Diane, Apollon et l'Amour dans un paysage.
Plume et lavis de bistre.

192. Le Jugement de Salomon.
Plume et lavis, rehaussé de gouache.

193. Le Jugement de Salomon.
Plume et lavis de bistre, rehaussé de blanc.

194. Moïse sauvé des eaux.
Plume.

195. Moïse sauvé des eaux. — Un jardin. Deux dessins.
Plume et lavis de sépia.

196. Le Moxu, d'après Jules Romain, sujet mythologique. — Sainte Agnès et Sainte Marthe, fronton. — Moïse sauvé des eaux. Quatre dessins.
Plume et crayon noir.

197. Personnages mythologiques. – Martyre de Saint Laurent.— Groupe de personnages à une fontaine. — Le Jugement de Pâris. Quatre dessins.
Plume et lavis.

198. Portrait du Pape Urbain VIII.
Pierre noire. Collection Jules Dupan.

POUSSIN (Nicolas)

199. Rebecca et Eliéser.
Lavis de bistre, rehaussé de blanc mis au carreau.

200. Rebecca et Eliéser. Cartouche ovale entouré de guirlandes de fleurs.
Plume et lavis d'encre de Chine.

201. Les Ventouses.
Plume et lavis, rehaussé de gouache. La partie gauche est empruntée à J. Romain avec des variantes.

202. Vue d'un couvent, dans un paysage montagneux. — Un Calvaire. Deux dessins.
Plume et lavis de sépia.

203. Vue de la maison qu'habitait l'artiste à Rome, derrière le Colisée.
Plume et lavis d'encre de Chine.

PRESTEL DE LYON (Jean-Baptiste)

204. Un Médecin.
Plume.

PRUDHON (attribué à P.-P.)

205. Tête de femme (Mme Récamier ?).
Crayon noir et estompe.

PUGET (Pierre)

206. Un des Hercules qui soutiennent le bateau de Toulon.
Plume. Signé des initiales P. P. A été gravé. Cachet de collection.

207. Projets de Fontaines. Deux dessins.
Plume et lavis d'encre de Chine. Un est signé : *P. Pujet, fe. 1681.*

RIGAUD (Hyacinthe)

208. Portrait de la marquise de Grignan.

Crayons de couleurs.

RIGAUD (attribué à Hyacinthe)

209. Portrait en pied du second Duc de Villars, Gouverneur de Provence.

Lavis de Sépia.

SANTERRE (Nicolas)

210. Tête de femme endormie.

Belle étude à la sanguine.

SOLIS (Virgilius)

211. Un singe, un émouchet et un canard. — Composition en forme de frise avec de nombreux personnages. Deux dessins.

Plume, lavis et aquarelle.

TORO (B.)

212. Feuille d'ornement.

Plume et lavis.

TROY (d'après F. de)

213. Portrait du Maréchal de Noailles.

Pierre noire, rehaussé de blanc, sur papier plâtré.

VERNET (Joseph)

214. Deux marines : Lever de soleil et Clair de lune.

Plume et lavis d'encre de Chine.

VIANE (J. de)

215. Allégorie symbolisant l'Agriculture. Frise ornée de fleurs. Fruits et amours.

Lavis d'encre de Chine rehaussé de blanc. Cachets de collection.

216. Compositions en forme de frise pour les Saisons. Trois dessins.

Pierre noire et lavis d'encre de Chine.

217. Femme assise tenant un oiseau. — Allégorie sur l'Agriculture. — Feuille d'études. Trois dessins.

Plume et lavis.

WATTEAU (Ecole de Ant.)

218. Finette.

Sanguine.

ZUSTRIS (Frédéric)

219. Une Chasse. — Mars et Vénus. Deux dessins.

Plume.

ECOLE FRANÇAISE (primitive)

220. Moïse sauvé des eaux.

Plume et lavis de Sépia

ÉCOLE FRANÇAISE (de Limoges)

221. Saint-Nicolas, composition pour un vitrail rond ; croquis de têtes, dans la marge inférieure.

Plume rehaussé de gouache sur fond rouge.

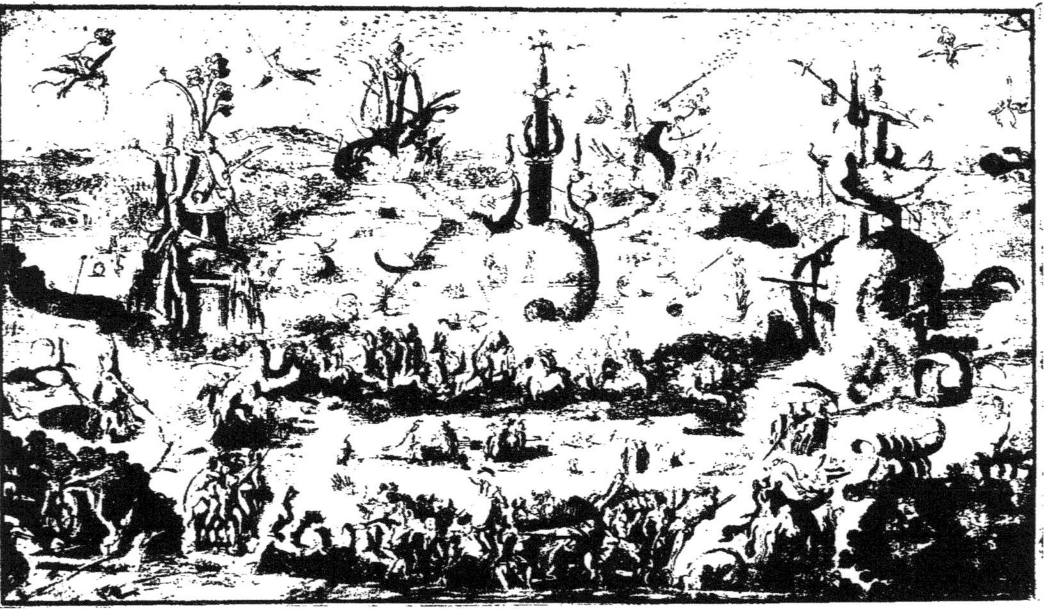

N° 326 du Catalogue.

2

2

22

ÉCOLE FRANÇAISE (XVIe siècle)

222. Choc en tournoi, de deux Chevaliers.

Plume et aquarelle.

ÉCOLE FRANÇAISE (XVIe siècle)

223. Le Tournoi aux Rébus. Dans un repas, plusieurs personnages autour d'une table, cherchent à deviner des Rébus.

Plume, pierre noire et lavis, rehaussé de blanc sur papier gris. Attribué à Longel.

224. Dame descendant d'une barque.

Plume.

ÉCOLE FRANÇAISE (XVIIe siècle)

225. Une Femme assise tenant un coq.

Pierre noire, rehauts de blanc, sur papier gris.

226. Portrait de Pierre Charron.

Sépia.

ÉCOLE FRANÇAISE (XVIIIe siècle)

227. Personnage de l'époque de la Révolution, coiffé du bonnet Phrygien et assis sur une chaise.

Sanguine.

Ecole Française du XIXe Siècle

ÉCOLE MODERNE

BRION (G.)

228. Deux figures pour l'illustration de Notre-Dame de Paris. Deux dessins.

Plume. Signés.

CASANOVA (A.)

229. Femme assise à une terrasse.

Plume et lavis d'encre de Chine. Signé des initiales.

COROT

230. Paysage.

Pierre noire, sur papier bleu. Cachet de la vente.

COURBET (attribué à Gustave)

231. Combat de cerfs.

Crayon noir et estompe, sur papier bleu. Signé.

DECAMPS

232. Un Poney chez le maréchal.

Sépia.

DELACROIX (attribué à Eugène)

233. Deux chevaux au galop, étude de tête de cheval.

Pierre noire, rehaussé de blanc.

234. Etudes pour tête de Christ.

Plume.

DETAILLE (attribué à Edouard)

235. Soldat équipé, en marche.

Plume. Signé et daté 1875.

DORÉ (Gustave)

236. L'Ange de Noël. — Sujet pour le voyage de Gulliver. Deux dessins.

Plume et lavis, rehaussé de gouache.

DREUX (Alfred de)

237. Deux chevaux au râtelier.

Aquarelle. Signée des initiales.

GÉRARD (le Baron François)

238. Portrait de Désaugiers. Profil à gauche.

Pierre noire, sur papier plâtré.

GÉRICAULT (attribué à Théodore)

239. Une Bataille en Espagne. — Cheval excité par un chien. Deux dessins.

Aquarelle et pierre noire.

240. Paysage, effet de soir.

Lavis de bistre.

241. La Retraite de Russie.

Plume et lavis de bistre, rehaussé de gouache. A été lithographié par Grénier.

242. Etudes d'Animaux. — Napoléon et costumes militaires. — Scènes de chasses et de courses. — Charrettes attelées, etc., etc. Soixante-treize dessins.[1]

Aquarelles, lavis, pierre noire, etc.

GÉROME (d'après H.)

243. Une Troika, par un temps de neige.

Plume et lavis, rehaussé de gouache

GILL (André)

244. Un Cocher de fiacre.

Plume et aquarelle. Signé et daté décembre 79.

GLAIZE (L.)

245. Portrait de Mlle Rachel, actrice.

Crayon et sépia.

GRÉVIN (A.).

246. Un Baigneur. — Croquis. — Trois dessins.
Plume. Signés.

GROS (le Baron)

247. Etudes de têtes de Dragons. Deux croquis.
Crayon noir.

JACQUE (Charles)

248. Un Faucheur. — Marché aux bestiaux. Deux dessins.
Crayon noir. Le premier est signé des initiales.

JOHANNOT (Alfred)

249. La leçon de Lecture.
Aquarelle.

LAMI (attribué à Eugène)

250. Un Combat : Napoléon et son état-major auprès d'un moulin.
Sépia.

MEISSONNIER (Ernest)

251. Victor Emmanuel. — Mac-Mahon et autres généraux. — La bataille de Solférino. — Etudes de bateliers. - Croquis d'animaux. Quatre dessins.
Crayon noir et plume.

MILLET (d'après J.-F.)

252. Une Balayeuse.

Pierre noire, sur papier bleu.

REGNAULT (attribué à Henri)

253. En Orient.

Aquarelle.

TROYON (attribué à C.)

254. Vaches et moutons, avec une bergère dans un paysage.

Pierre noire.

VERNET (attribué à Carle)

255. Cheval de courses. — Naples.

Crayon noir, rehaussé de blanc, sur papier gris.

VEYRASSAT (J.)

256. Un Charretier avec deux chevaux devant une ferme.

Plume et lavis de sépia. Signé.

ZIEM (attribué à)

257. Marine. Trois dessins.

Crayon noir. Signés.

ÉCOLE FRANÇAISE (XIXe siècle)

258. Sous ces numéros, il sera vendu dix-sept dessins, par ou attribué à Léopold Robert, Ingres, Delacroix, Géricault, Flandrin, Clésinger, Gavarni, Bouchot, etc.

Ecole Hollandaise

BORRUIT DE DELFT (François)

259. Un Vase vu des deux faces.

Sépia.

CUYP (Albert)

260. Bœuf et Vache. — Paysage. Deux dessins.

Encre de chine. Plume et bistre.

261. Un Vaisseau en mer, au verso croquis par A. Van Ostade.

Plume et lavis d'encre de Chine.

DOW (Gérard)

262. Son portrait.

Etude à la pierre noire.

DUJARDIN (Karel).

263. Deux ânes. — Anes et chèvre. — Groupes d'arbres au bord de l'eau. Trois dessins.

Plume et lavis.

GOYEN (attribué à Jean Van)

264. Paysage et rivière, avec figures.

Lavis d'encre de Chine.

HEUSCH (Guillaume de)

265. Paysage animé de figures.

Pierre noire et lavis sur papier bleu.

HOBBEMA (attribué à Menderhout)

266. Prairie et bois traversé par une rivière. — Bois accidenté. Deux dessins.

Lavis d'encre de Chine.

HOOCH (attribué à Pieter de)

267. Intérieur de chambre.

Plume et aquarelle signé des initiales.

HONTORCH (Gérard)

268. Personnages à table.

Plume et lavis de sépia.

HUYSUM (Jan Van)

269. Vase de fleurs dans un jardin.

Lavis d'encre de Chine rehaussé de blanc.

HUYSUM (attribué à J. Van)

270. Paysage animé de figures.

Gouache.

KEISER (David de)

271. Un Marchand de tableaux.

Plume et lavis de bistre.

LEYDE (Lucas de)

272. Jésus présenté au peuple.

Lavis de bistre, rehaussé de blanc, sur toile plâtrée.

MAES (d'après Nicolas)

273. Une Vieille femme qui lit.

Plume.

MALMEERT (Pierre)

274. Bois en Hiver.

Pierre noire et estampe.

MIÉRIS (F. V.)

275. Mars.

Pierre noire.

NEER (attribué à Arthus Van der)

276. Effet de lune sur la mer. — Paysage avec moulin, deux dessins.

Lavis et pierre noire.

OMMEGANCK (J. B.)

277. Groupe de moutons.

Aquarelle signée J. B. Ommeganck 99.

POELEMBURG (Corneille)

278. Groupe de jeunes femmes.

Lavis d'encre de Chine rehaussé de gouache.

POTTER (Paul)

279. Bélier et moutons.

Signé : *P. Poter.* Cachets de collection.

280. Vaches. Deux dessins.

Pierre noire.

POTTER (Par et attribué à Paul)

281. Taureau et tête de vache. — Cheval et chèvres au pré. — Cour de ferme. — Vaches, taureaux, etc. Sept dessins.

Pierre noire et lavis.

REMBRANDT VAN RHYN (d'après)

282. Le Jugement de Salomon. — L'Homme qui se chauffe. Deux dessins.

Plume.

RUSHART

283. Etudes de chiens.

Plume, pierre noire et aquarelle.

RUYSDAEL (Attribué à Jacques)

284. Une maison dans un paysage. — Pont sur une rivière. Deux dessins.

Lavis d'encre de Chine.

RUYSDAEL (Attribué à Salomon)

285. Bords de rivière.

Lavis d'encre de Chine.

SWANEWELT (Hermann Van)

286. Paysage avec figures.

Lavis d'encre de Chine.

TERBURG (attribué à Gérard)

287. Chevaux au ratelier.

Plume et aquarelle.

VERKOLIE (Nicolas)

288. Jeune fille, les épaules nues.

Pierre noire, rehaussée de blanc sur papier bleu.

WATERLOO (Antoine)

289. Paysage.

Pierre noire et lavis d'encre de Chine.

290. Paysage avec figures.

Crayon noir.

VELDE (Adrian Van de)

291. Moutons. — Vache et chèvres. — Vache et moutons. — Trois dessins.

Sanguines et aquarelle.

VELDE (Guillaume Van de)

292. Mariniers dans une embarcation. Marine. Deux dessins.

Plume et lavis.

WIKELLE (Isaac Van) ?

293. Perspective d'un palais avec figures.

Plume et lavis d'encre de Chine. Collection Desperret.

WITT (Emmanuel de)

294. Vue intérieure de l'Eglise d'Herdelin, avec personnages.

Plume et lavis d'encre de Chine. Notes manuscrites et la date de 1635.

WENIX Fils

295. Les Fils de Jacob devant Joseph.

Belle composition. — La plume lavée de sépia.

WOUVERMANS (Philippe)

296. Un Cheval sellé. — Paysage. Deux dessins.

Crayon noir.

ECOLE HOLLANDAISE (XVIIe siècle)

297. Paysage boisé avec figures.

Lavis d'encre de Chine, attribué à J. Ruysdaël.

298. Trois figures en pied.

Lavis de sépia.

Ecole Italienne

ARTISTES BOLONAIS

ALBANE (François)

299. Les Couches de la Vierge. Importante composition.

Plume

300. La Toilette de l'Enfant Jésus. — La Toilette de Vénus. Deux dessins.

Pierre noire, plume et lavis de sépia

BARBIERI (Fr.) dit le GUERCHIN

301. Saint Jean au désert. — Paysage. — Guerchin donne une leçon à Elisabeth Pizani. Trois dessins.

Pierre noire, plume et lavis.

302. La Vierge et l'Enfant Jésus — La charité Romaine. Deux dessins.

Plume et lavis de sépia.

CARRACHE (Annibal)

303. Saint François prie au désert devant un Christ. — Un Musicien suivi d'un chien. — Jupiter et Vénus. Trois dessins.

Plume et lavis rehaussé, le troisième sur papier bleu.

CARRACHE (Augustin)

304. Le Baptême de Jésus.

Plume et lavis d'encre de Chine, rehaussé de blanc.

DOMINIQUIN (Zampiéri le)

305. Cavalier suivi d'un piéton dans un paysage. — Adam et Eve chassés du Paradis. — L'Assomption de la Vierge. Trois dessins.

Plume, lavis de sépia et sanguine.

PELLEGRINI (Ant.) dit TIBALDI

306. Trois Saints martyrs.

Plume et lavis de bistre. Cachet de collection.

PRIMATICE (Fr.) dit de BOLOGNE

307. Enlèvement d'une Nymphe. — Un Faune s'attaque à une Nymphe. Deux dessins.

Plume et lavis de Sépia.

PRIMATICE (Le) — ROSSO

308. Etude de trois figures. — Diane, de la suite des Dieux. — Grande composition mythologique Trois dessins.

Plume et lavis de sépia.

PROCACCINI (Camille)

309. La Vierge en adoration.

Sanguine rehaussée de blanc.

RENI (GUIDO)

310. Le Portement de Croix.

Pierre d'Italie, rehaussé de blanc sur papier gris.

Artistes Florentins

ABBATE (Nicolas del)

311. L'Annonciation. — Amphitrite sur un dauphin. Deux dessins.

Plume et lavis.

ALBERTINELLI (attribué à Mariotto)

312. La Présentation au Temple.

Pierre noire sur papier teinté rose.

ALLORI (Alexandre)

313. Le Batelier, du tableau de la galerie Petti à Florence.

Pierre noire.

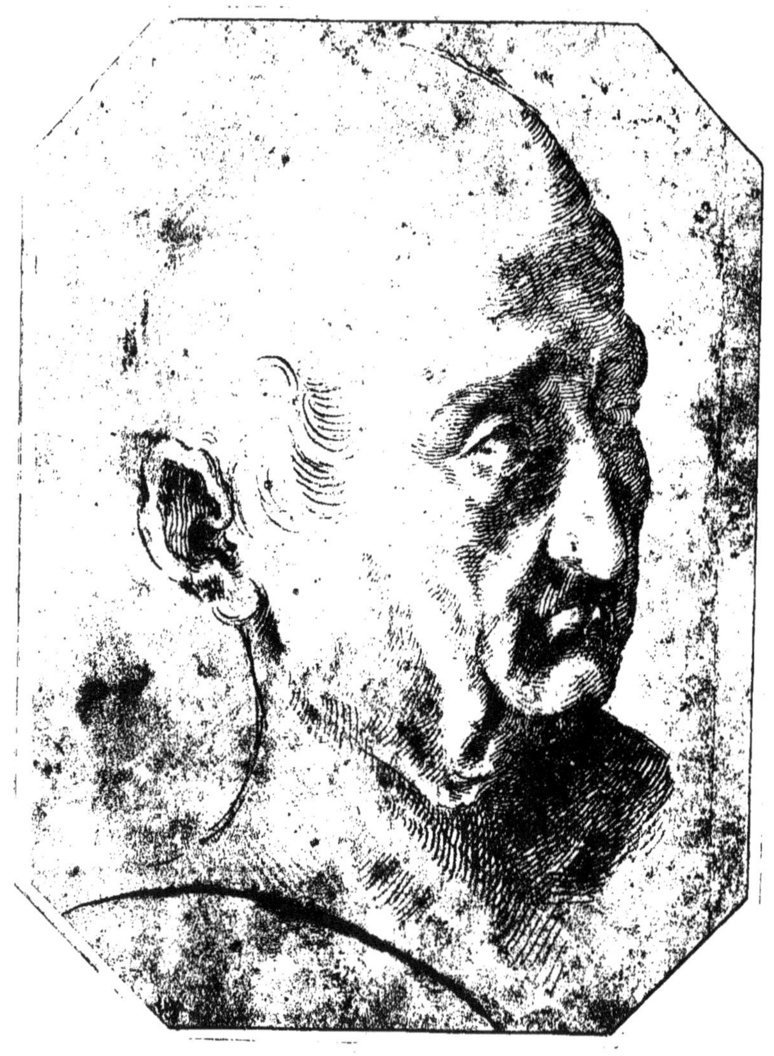

N° 392 du Catalogue.

ALLORI (Alexandre)

314. Tête d'enfant endormi ; au verso tête de négresse. – La Cène. Deux dessins.

Pierre et lavis de bistre, le second de la collection Vallardi.

AMMANATI

315. Motif d'ornement avec chimère.

Plume.

ARPINO (Le Chevalier d')

316. David tenant la tête de Goliath.

Sanguine.

AUGUSTIN DE SIENNE (L'un des maitres de Pise)

317. Animaux à figures fantastiques.

Plume et sépia, sur parchemin.

E. Wauters
Koenigs

BAGNA CAVALLO

318. La Mort de la Vierge.

Plume sur papier plâtré.

BANDINELLI (Baccio)

319. Groupe de figures.

Plume.

320. La Vierge, l'Enfant Jésus, Saint Joseph et Saint Jean. — Pierre et Julien de Médicis. Deux dessins.

Plume.

BARTOLOMEO (attribué à Fra)

321. Croquis de Vierge agenouillée ; au verso étude d'Ange. — Sainte Famille. Deux dessins.

Plume et pierre noire.

322. Saint Paul debout.

Pierre noire, collection Ch. Coypel.

323. La Vierge de Caroudelet, dont le tableau est à Besançon. Il y a des différences dans cet important dessin. Au lieu de Caroudelet agenouillé, on voit la Reine d'Espagne.

Plume et encre noire rehaussé de blanc.

324. La Vierge et l'Enfant Jésus. — La visite à Sainte Elisabeth. Deux dessins.

Sanguine et pierre noire rehaussée, sur papier teinté jaune.

CAMPIAGIO (Gio)

325. Sainte Marthe.

Plume et lavis de sépia.

CANTA GALLINA (Remi)

326. Composition de Sabbat.

Plume et lavis de sépia, collection Mariette 1683.

CARAVAGE (Polidore de)

327. Groupe de figures. — Groupe en procession. Deux dessins.

Lavis rehaussé.

CASTAGNO (Andrea del)

328. Tête d'enfant et étude d'un pouce de pied.

Pierre noire et lavis, rehaussé de blanc sur papier plâtré teinté rose.

CELLINI (Benvenuto)

329. Médaillon de l'ordre de Saint Michel. — Etude de guerrier pour un dessus d'aiguière. Deux dessins.

Plume et lavis rehaussé.

330. Le Repas des dieux. Composition qui se trouve sur un bas relief du Vatican donné à Cellini. Cité dans l'histoire des œuvres de Cellini.

Plume et lavis de sépia.

CELLINI (attribué à Benvenuto)

331. Groupe d'hommes nus et casqués.

Plume et lavis.

CIGOLI (Ludov. Cardi dit)

332. La Mort d'un moine. — La Prise d'habit d'une Religieuse. — La Vierge sur un trône avec adorateurs. Trois dessins.

Plume et lavis. Le premier de la collection Van Palen.

CORTONE (Pierre de)

333. Le Père éternel et les Anges. — Une bataille. Deux Dessins.

Plume et lavis de sépia, le premier provient des collections de Fritz et Lagoy.

CREDI (attribué à Lorenzo di)

334. Feuille de diverses études de figures nues et drapées.

Plume rehaussé de gouache, sur papier plâtré teinté gris vert.

335. La Nativité.

Grande composition au lavis rehaussé de blanc, sur papier plâtré foncé.

CRESTI (Domenico)

336. Tête de Jeune homme.

Plume

DOLCI (Carlo)

337. Tête de Vierge. — La Vierge sur un nuage; à ses pieds, Sainte Appoline et Sainte Marthe. — Etude de femme nue. Trois dessins.

Pierre noire. Plume et lavis.

DONATELLO (attribué à)

338. Le Viol de Lucrèce, par Tarquin.

Dessin à la plume, d'autant plus rare que Donatello, envoyait ses tableaux et dessins lubriques préparés par Savonarole, à l'autodafé.

339. Les Saintes femmes. — Nason et Libica, au recto et au verso. — Un Ange agenouillé. Trois dessins.

Plume, le second de la collection Crozat.

340. Statue antique drapée et mutilée. — Etude d'après un bas-relief antique, avec croquis au verso. — Cuirasse et habillement de Gladiateur. Trois dessins.

Plume

FERRATO (Sasso)

341. La Vierge et l'enfant Jésus.

Plume.

FIESOLE (Angelico de)

342. La Cène.

A la pointe d'argent. Cachet de collection C.

GADDI (Taddeo)

343. Visite de la Vierge à Sainte Elisabeth.

Importante composition à la sanguine.

GENTIL DE FABRIANO (attribué à)

344. Etude d'homme nu.

Pierre noire sur papier teinté rouge, daté 1602. Collection Gasc.

GENTILESCHI

345. L'Annonciation.

Plume et lavis de bistre.

GIOTTO (attribué à)

346. Homme nu debout en pied.

Plume et lavis, rehaussé de gouache, sur papier plâtré rose

347. Les Saintes Femmes.

Plume et lavis de sépia.

GIOVANNI (de San Giovanino)

318. Groupe de figures et d'animaux.

Plume.

GOZZOLI (attribué à Benozzo)

349. La Fuite en Egypte.

Plume et lavis. Collection Gasc.

GUIRLANDAIO (Dominique)

350. Une Pieta : La Vierge tient le corps de Jésus sur ses genoux.

Pierre noire, rehaussé de blanc sur papier plâtré. Mis au carreau.

LIPPI (attribué à Filippo)

351. Deux figures assises, symbolisant la poésie et la musique. — Trois figures de Vierges. Deux dessins.

Plume, rehaussé.

352. Hercule déchirant la gueule d'un lion. — Un Saint à genoux et en prière. Deux dessins.

Plume et lavis, rehaussé de gouache.

LORENZETTI (Lorenzo di Pietro)

353. Dans un bois, un moine est à genoux ; un Ange lui montre un voile où se trouvent représentés des animaux.

Plume et lavis de sépia.

LORENZETTI (Lorenzo)

354. Prisonnier amené devant un Saint.

Plume et lavis, rehaussé de gouache sur papier bleu.

MAITRE DE PISE

355. Deux dessins de marteaux de porte. Recto et verso.

Plume rehaussé de couleur.

MARCHETTI DE FLORENCE (Mario)

356. Feuille d'études : figures, masques et animaux.

Plume, daté 1534.

MASACCIO (attribué à)

357. Groupe de figures. — Tête de femme, profil à droite ; au verso, étude de femme attribuée à Polidore de Caravage. Deux dessins.

Plume.

MEMMI (attribué à Simon)

358. La Flagellation. — Le Lavement des pieds.

Deux miniatures.

MICHEL-ANGE BUONAROTTI (attribué à)

359. Feuille d'étude : croquis et sujets divers.

Plume noire et sanguine. Des vers sont écrits au bas du dessin.

360. La Mise au tombeau.

Sanguine

361. Une Figure casquée. — Une des Sybilles. — Une des figures de la Nativité. Trois dessins.

Plume, pierre noire et lavis.

362. Tête de profil, dessin à la plume. (La même plus grande et à la sanguine est dans la collection de Florence). — Torse assis. — Etude d'homme debout. Trois dessins.

Pierre noire, plume et sanguine.

363. Trois têtes de profil. — Une figure de Sybille. — Feuille de diverses études. — Etude d'homme vu de dos. Quatre dessins.

Plume, pierre noire et sanguine.

POLLAIOLO (attribué à)

364. Groupe de personnages.

Plume sur papier plâtré teinté gris.

365. Groupe de personnages debout. – Homme nu debout. Deux dessins.

Plume, le premier sur papier plâtré, teinté rouge.

PASSAROTTI

366. Etude de têtes.

Plume

PENNI (Jean-François)

367. Lionne, lionceau, guirlande de fruits et amours.

Plume et lavis d'encre de Chine rehaussé de gouache. Sujet fait pour les tapisseries du Vatican.

PISANELLO (attribué à)

368. Les Couches de la Vierge.

Plume; collection Vallardi.

PONTORMO (attribué à J.)

369. Un Evêque en pied.

Pierre noire.

370. Une offrande, composition en forme de frise.

Plume et lavis de bistre.

PORTA (Joseph) dit Salviati

371. Sainte Famille au bilboquet : L'Enfant Jésus veut prendre un bilboquet que tient le Petit Saint Jean. — Deux têtes de chevaux. Deux dessins.

Plume et pierre noire.

PULIGO (Domenico)

372. Portrait de femme.

Pierre noire et sanguine.

RICCIARELLI DE VOLTERRE (Daniel)

373. Une Femme à genoux. — Etude de figures d'après le Jugement dernier. Deux dessins.

Pierre noire.

ROSELLI (Cosimo)

374. Descente de Croix.

Plume et lavis sur papier teinté.

ROSSI (D.)

375. Feuille de croquis pour les statues colossales d'Hercule, dans la cour du Bargello à Florence.

Plume.

ROSSO (ou Maître Roux)

376. Ornements avec personnages. — Sylvie avec le petit Bacchus. — La mise au tombeau. Trois dessins.

Plume et lavis.

SCARCELLA (Andréa)

377. La Descente de Croix.

Plume et sanguine. Croquis au verso.

SERMONETTI (de)

378. Le Génie des Arts.

Plume, daté 1563. Grande composition gravée, dont le tableau se trouvait dans la collection Denon.

SIGNORELLI (attribué à Luca)

379. Académie, vue de dos. — Etude d'homme. Deux dessins.

Pierre noire et sanguine.

UCELLO (Mario)

380. Création de l'homme.

Plume et lavis de sépia.

VAGA (Périno del)

381. L'Assemblée des dieux.

Plume et lavis de sépia.

382. Une Sainte dans un cartouche orné de guirlandes de fruits.

Gouache et plume sur papier plâtré. Collection Lagoy.

VAGA (Périno del)

383. Cartouche orné de figures. — Saint Pierre dans un cartouche richement ornementé. Deux dessins.

Plume et lavis de bistre Le second porte un cachet de collection L.

384. Portrait présumé de Bianca Capello.

Pierre noire et sanguine, signé à l'encre : *Périno del Vago*

VANNUCHI (attribué à André dit Andréa Del Sarte)

385. Tête de Vierge. — Profil de femme. — Etude de femme nue, jouant d'une viole. Trois dessins.

Sanguines.

386. Un Ange, devant l'Autel, salue le grand prêtre dans le temple.

Plume et pierre noire rehaussé de blanc sur papier gris.

387. Etude d'homme drapé, les deux mains fermant le manteau. A gauche, étude de tête et de main.

Sanguine, rehaussé de blanc

VASARI (Georges)

388. La Sortie du Tombeau. Cadre orné.

Plume et lavis de bistre.

VIGNALI (Jacopo)

389. David avec sa harpe, apaisant les colères de Saül.

Plume et pierre noire, rehaussé de blanc sur papier plâtré vert.

VINCI (attribué à Léonard de)

390. Un Judas ; il est assis, nu, à mi-corps, la main gauche appuyée, le bras droit tombant.

Sanguine.

391. Quatre têtes de Chevaux.

Plume, rehaussé de blanc sur papier gris.

392. Portrait d'homme, trois quarts nature.

Plume, rehaussé de blanc sur papier plâtré.

393. Tête de vieillard, profil à droite.

Pierre noire, sur papier gris vert.

VINCI (attribué à Léonard de)

394. Le Château Saint Ange. — Rome. — Un vaisseau en mer avec son équipage. Deux dessins.

Plume et lavis.

ECOLE FLORENTINE XVe SIÈCLE

395. Une Sainte portant un Ciboire.

Plume.

ARTISTES LOMBARDS

BRESCIA-SCAVEZZI (Prospero de)

396. Combat équestre.

Plume et lavis de bistre.

397. Adam et Eve ; au verso, étude de lion.

Plume et sanguine.

CARAVAGIO (Michel-Ange de)

398. Un Empereur romain.

Plume et lavis.

CARAVAGIO (Polydore de)

399. Deux soldats vont frapper Archimède.

Plume et lavis de bistre.

CARPACCIO (Vittore)

400. Portrait d'homme vu de profil, coiffé d'une toque sur résille ; d'une main, il tient son manteau.

Sanguine.

COSIMO (attribué à Pierre de)

401. Etudes d'Anges.

Pierre noire. Collection Giacomotti.

GRANDENZO DE FERRARE

402. Une Sainte famille.

Plume et lavis de bistre.

GRANDI (Hercole)

403. Deux femmes ; l'une debout, l'autre agenouillée ; dans le fond, une ville.

Plume et lavis de sépia.

LUINI (attribué à Bernardino)

404. La Sainte face, couronnée d'épines et environnée d'un Limbe.

Plume et pointe d'argent sur papier plâtré.

405. Une figure ; femme assise les mains sur un bâton.

Sanguine.

LUINI (Aurelio)

406. Un Evêque portant sa crosse de la main droite, et un livre de la main gauche ; son manteau est soutenu à droite par un personnage tenant une pelisse, à gauche par un second qui tient la mitre ; autour des adorateurs agenouillés, Abbés et Abbesses.

Plume et lavis de bistre, rehaussé de gouache.

RAVENNE (Marc de)

407. Adoration des Mages ; au verso Vénus et l'amour.

Plume.

SCARCELLO (André)

408. Le Père Eternel tient le corps de Jésus sur ses genoux.

Sanguine.

SCARCELLINO (H.) DE FERRARE

409. L'Annonciation. Grande composition ; dans le haut du dessin le Père éternel, entouré d'Anges.

Plume et lavis de bistre, rehaussé de blanc, sur papier plâtré.

UGCIONE (Marco)

410. Christ en croix ; de chaque côté de la Croix, un religieux debout.

Plume et lavis de bistre sur papier plâtré.

ECOLE LOMBARDE

411. La Mise au Tombeau.

Plume et lavis de bistre.

Artistes Romains

ALFANI (dit Pierre de Paris)

412. La Mise au tombeau.

Dessin à la pointe d'argent, sur papier plâtré.

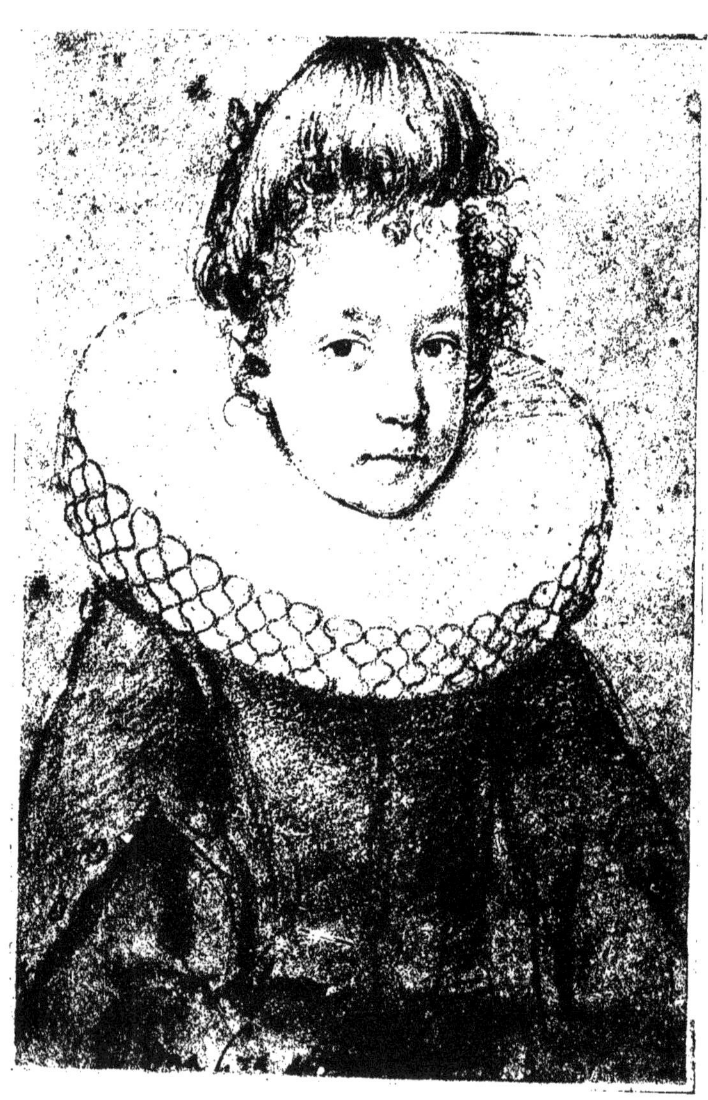

N° 419 du Catalogue.

BARROCHE (Federico)

413. Jésus apparaît à saint Pierre.

Plume et lavis rehaussé de blanc, sur papier bleu. C'est un des dessins d'une suite faite pour les tableaux de ce maître qui sont à l'Escurial.

414. La Tête du Christ de la Descente de croix. — Un homme drapé, vu de dos. Deux dessins.

Crayons de couleurs et lavis. Le second est signé.

CANTARINI (Simone)

415. Une Femme tient un enfant sur ses genoux.

Plume.

GAROFALO (Titio)

416. La Circoncision. — La Sainte famille. Deux dessins.

Plume et lavis rehaussé.

FOLIGNO (attribué à Nic. de)

417. Un Cavalier.

Sanguine.

FORTI (attribué à Melizzo di)

418. L'Investiture d'un Abbé.

Plume sur papier frotté de sanguine.

LEONI (Ottavio)

419. Portrait de Dona Lisa Aldobrandini. — Portrait de femme. — Portrait d'un cardinal. Trois dessins.

Pierre noire et sanguine.

MARATTI (Carlo)

420. Le Christ mort, présenté par des anges, à un Saint agenouillé devant un autel.

Plume et lavis de sépia. Signé. Collection Lagoy.

RAPHAEL SANZIO (attribué à)

421. Feuille d'étude : Trois hommes nus vus de dos. — L'homme de la Transfiguration, avec l'indication des mesures. Deux dessins.

Plume, lavis et sanguine. Le second porte un cachet de collection à la fleur de lys.

422. La Mise au tombeau. Au verso, le Combat de Jacob avec l'ange. Deux lignes d'autographe du maître.

Plume et lavis. Collection Desperret.

423. Vue d'un site avec ville, prise dans les environs de Rome. — Croquis d'Ephèbes. — Un Ange. Trois dessins.

Plume et lavis.

424. Vue de Florence ; à droite, la maison de Raphaël.

Plume et lavis de bistre. A été gravé dans le Vitruve, édition de 1547, page 77.

RAPHAEL SANZIO (attribué à)

425. Groupe de cinq figures de la composition de la coupe trouvée dans les sacs des fils de Jacob. — Autre sujet. Deux dessins.

Pierre noire.

426. Etude pour le Seleucus. — La Mise au tombeau. — Tête d'homme. — Feuille de croquis. — Une feuille d'acanthe. — Exposition du corps d'un évêque. Six dessins.

Crayon noir. Plume et lavis.

RAZZI (Sylv.), dit le Sodoma

427. Groupe portant des vases, allant vers un jardin ; une femme est prosternée sur leur passage. — Christ en croix. — Groupe de trois figures. Trois dessins.

Plume, crayon noir et lavis de sépia.

ROMAIN (attribué à Jules)

428. Un Amour, avec les attributs de la musique. — Léon X, suivi de ses cardinaux, regarde le plan du Vatican que Michel-Ange, à genoux, lui présente. Personnages au second plan et place, bâtisses, etc., sur le troisième. A droite, un homme agenouillé soutient un cartouche portant l'écu des Médicis. Deux dessins.

Plume et lavis de sépia.

429. Figure d'Angle du château du T.

Plume et sépia des collections Crozat et marque à la Croix.

430. Un Mercure.

Plume et lavis de sépia. Collections Jules Dupan et H. de Triquetti.

SCHIAVONE (André)

431. Saint Jean en prison.

Très belle étude à la pierre noire, rehaussée de sanguine.

VANNUCCI (attribué à P. dit le Pérugin)

432. Tête de Vieillard, demi nature.

Sanguine.

VITTI (Timoteo)

433. Etude de têtes de dragon; un pied est posé sur l'une d'elles. — L'adoration des Bergers, importante composition en largeur. Deux dessins.

Plume.

ZUCCHERO (Frédéric)

434. Charles-Quint représenté avec un personnage, sur l'appui d'une Colonnade à riche architecture.

Pierre noire et sanguine.

435. Scène historique.

Plume et lavis de sépia, rehaussé de blanc sur papier plâtré.

ZUCCHERO (Thaddeo)

436. Sujet d'intérieur, avec figures.

Plume, signé sur la ceinture d'un des personnages.

Artistes Vénitiens

BELINI (attribué à Gentil)

437. Portrait de Mahomet II. — Un Cavalier Turc. — Groupe de personnages discutant. Trois dessins.

A la pointe d'argent, plume et lavis.

BELINI (attribué à Jacques)

438. Le Jugement de Salomon ; au verso la mise au Tombeau.

Plume.

BELINI (attribué à Jean)

439. Un Roi et sa cour. — Une exécution à Venise. — Trois dames Vénitiennes. Trois dessins.

Plume et lavis, pierre noire.

440. Figure de Saint.

Plume.

BELINI (Ecole des)

441. Un Vénitien, croquis. — Une Vierge et l'enfant avec adorateurs. Deux dessins.

Plume et sanguine.

BELTRAFFIO (attribué à)

442. Un Seigneur et une dame dans un intérieur.

Sanguine, rehaussé de blanc sur papier teinté rouge.

BORDONE (Pâris)

443. Le Bon Samaritain.

Plume et sépia.

CANALETTI (attribué à Ant.)

444. La Place Saint-Marc, à Venise.

Très fine miniature sur parchemin.

CLOVIO (Julio)

445. Saint Georges frappe le dragon.

Plume, rehaussé de bistre et de blanc : A été gravé par Corneille Cort.

CONEGLIANO (Cima de)

446. Feuilles de croquis. Deux dessins.

Plume.

DONI-DONO

447. Groupe de personnages nus : au verso, une sainte famille. — La Présentation au Temple d'après Lorenzo Guiberti. Deux dessins.

Plume et lavis et sanguine rehaussé. Le second porte le cachet de la collection Denon.

FARINATI (Paolo)

448. La Mort d'un Evêque.

Plume et lavis de bistre, rehaussé de blanc.

FRANCO (Jean-Baptiste)

449. Feuille de croquis.

Plume. Marques de collections.

GIORGIONE (attribué au)

450. Au recto : Copie du Justinien, de Raphaël, dans la salle de la signature, au Vatican. Au verso : Le Jugement de Salomon d'après le tableau de Raphaël.

Plume.

451. Un homme qui pêche.

Pierre noire et estompe, rehaussé de blanc sur papier bleu. Collection Crozat et W. J.

452. Paysage avec figures. — Tête d'enfant. — Deux Seigneurs en manteau. Trois dessins.

Plume, sanguine et pierre noire.

453. Le Repas pendant la moisson. — Un Concert. — Groupes de jeunes seigneurs. Trois dessins.

Plume, lavis et sanguine.

GIORGIONE (attribué au)

454. Au recto : Un jeune homme qui écrit. Au verso : Un jeune homme debout. — Un Marchand d'argenterie. Deux dessins.

Sanguine, plume et lavis de bistre.

GUARDI (F.)

455. Place de Village.

Plume.

GUARDI (attribué à)

456. Le Pont des Soupirs, avec barques et personnages. — Une barque en mer. Deux dessins.

Plume et lavis de bistre.

MANTEGNA (attribué à Andréa)

457. Un Soldat endormi.

Lavis, signé : *Andrea Mantegna Padoano.*

MANTEGNA (attribué à Andréa)

458. Hercule.

Sanguine.

MORO (Mario del)

459. Miroir Vénitien du XVIe siècle, orné de guirlandes, de cariatides et d'Amours et surmonté d'une corne d'agate.

Plume et lavis de bistre.

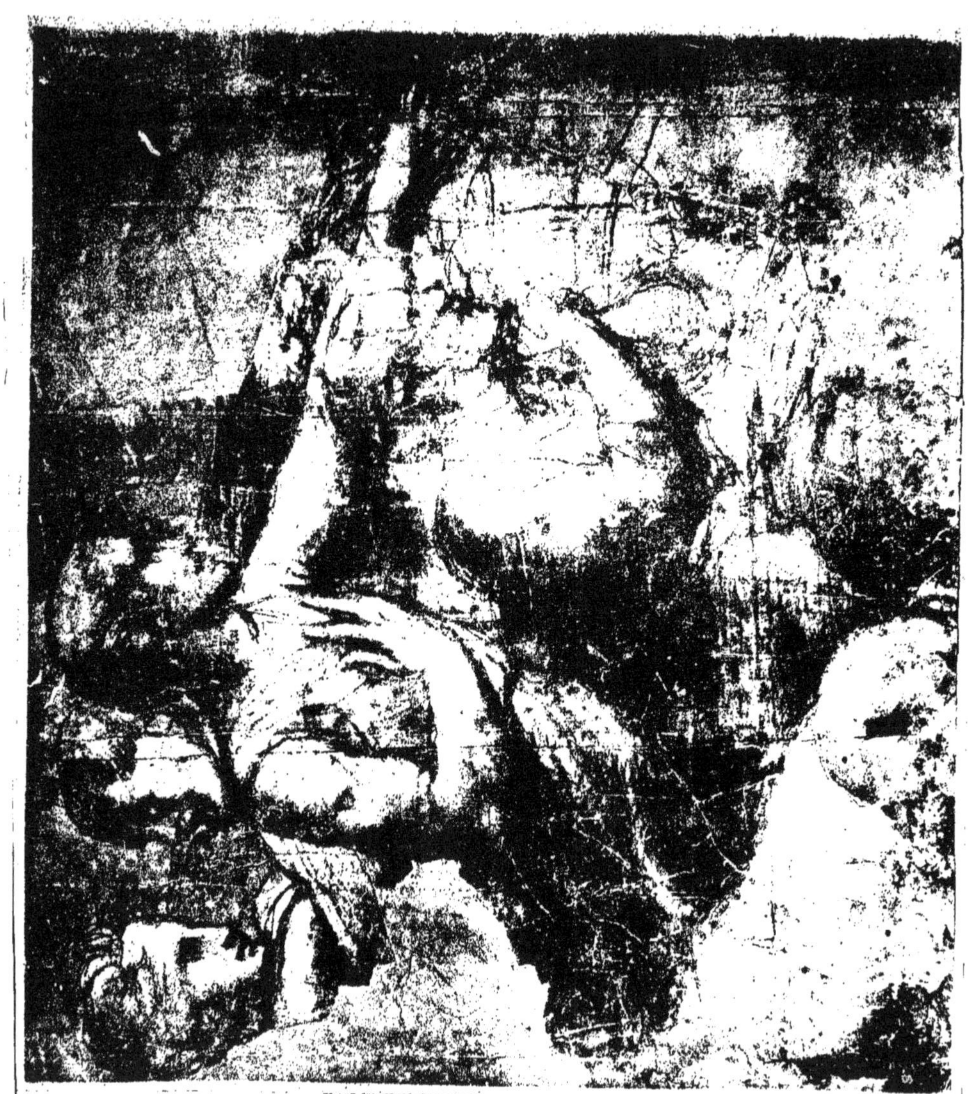

N° 425 du Catalogue.

MUTIANO DE BRESCIA (Jérôme)

460. Saint Jérôme et Saint Antoine.
Bistre rehaussé de blanc.

PALMA (J.) le Vieux

461. La Fuite en Egypte. — Le Père Eternel. Deux dessins.
Plume et sanguine.

PALMA (J.) le Jeune

462. Le Martyre de Saint-Etienne.
Pierre noire.

PIAZZETTA (Jean-Baptiste)

463. Un Abbé, la main appuyée sur une canne.
Pierre noire et estampe.

PIOMBO (Sébastien del)

464. La Mise au tombeau.
Pierre noire.

465. Saint Pierre à genoux, tenant les clefs du Paradis.
Plume. Collections Charles Ier, Christine de Suède, Reynolds. (Dans le cabinet de Charles Ier, il était catalogué comme de Sanzio).

466. Une Sybille. — Groupes de personnages au recto et au verso. Deux dessins.
Plume et pierre noire.

PIRANESI (Jean-Baptiste)

467. Vase antique richement orné, d'amours et de guirlandes de vigne.

Plume et lavis de sépia, rehaussé de blanc.

PONTE (Jacques) dit le Bassan

468. La Reine de Saba chez le Roi Salomon. — Le Retour du Marché. Deux dessins.

Pierre noire et plume.

PORDENONE (Le)

469. Un Cavalier.

Pierre noire et estampe. Collections Reynolds et autre.

470. Un Page présente des fruits à une dame. — Un charmeur de serpents. Deux dessins.

Plume et lavis.

ROBUSTI (attribué à J.) dit le Tintoret

471. Les Disciples d'Emmaüs.

Plume et lavis de bistre, cachet de la collection B.

TIEPOLO LE VIEUX (Jean-Baptiste)

472. Un Repas au palais des Doges.

Plume et lavis de sépia

TIEPOLO LE JEUNE (Domenico)

473. Un Moine assis. — Six petits sujets pour la Passion.

Plume et lavis d'encre de Chine.

TITIEN (attribué au)

474. Son Portrait à mi-corps, la main gauche montrant un tableau.

Pierre noire. Collection Crozat.

475. Le Christ à la flagellation.

Belle étude à la sanguine, probablement fait pour le tableau du Louvre.

476. Décolation de Saint Jean-Baptiste.

Plume. Cachets de collection J. J. et L. Kilian.

477. Le Repas au Couvent. — Le Massacre des Innocents ; importante composition. Deux dessins.

Plume et lavis.

TITIEN (attribué au)

478. La Nativité. — Une Vierge. — L'Enfant. — Paysage vue de Ville, au verso le monogramme. Trois dessins.

Plume. Le second est de la collection J. Dupan.

VÉNITIEN (Augustin)

479. Son Portrait ; il est occupé à peindre.

Pierre noire, monogramme du maître et daté 1:51.

VÉRONÈSE (attribué à Paul)

480. Au recto : La Reine de Saba à la cour du Roi Salomon; au verso : La marquise de Pesceire morte, exposée sur son lit de parade.

Plume et lavis rehaussé de blanc.
Les diverses couleurs du costume sont indiquées par des lettres.

481. Croquis pour un portrait de dame. Au verso, études de fabriques.

Plume et lavis de sépia.

482. Le Retour du Doge André Contarini après sa victoire sur les Gênois en 1378.

Très belle étude au lavis d'encre de Chine, sur toile plâtrée.

VÉRONÈSE (attribué à Paul)

483. Un Page, suivi d'un chien, soulève un rideau.

Plume.

ARTISTES GÊNOIS, PARMESANS, NAPOLITAINS ET SIENNOIS

ALLEGRI (Ant.) dit le Corrège

484. Jésus au Jardin des Olives.

Plume et lavis de bistre.

ALLEGRI (A.)

485. La Nuit de la Nativité. – Jésus au Jardin des Olives. — Vue intérieure d'un palais. Trois dessins.

Plume et lavis.

CARPI (attribué à Hugo de)

486. Le Convoi d'un Evêque.

Plume.

CASTELLI (Bernardo)

487. Les Couches de la Vierge.

Plume et lavis, rehaussé de gouache sur papier gris.

LANFRANCO (Giovanni)

488. L'Assomption de la Vierge.

Importante composition à la pierre noire et au lavis, signée.

PARMESAN (Fr. Mazzuoli, dit le)

489. Saint Paul.

Plume et lavis de bistre.

PÉRUZZI (attribué à Balthazar)

490. Adoration des Mages. Deux compositions différentes.

Plume et lavis de sépia.

PINTURICHIO (Bernard)

491. Jeune seigneur à cheval. Plume.

Un dessin de ce sujet est peint dans les fresques du château du T.

ROSA (Salvator)

492. Paysage avec rochers.

Lavis rehaussé de gouache sur papier gris.

SALEMBENI (Ventura)

493. Mort d'un Evêque et Croquis d'architecture. — La Vierge et l'Enfant avec quatre saints adorateurs. Deux dessins.

Sanguine. Plume et lavis.

SOLIMÈNE (François)

494. Saint François Xavier baptise les Indiens.

Plume et lavis d'encre de Chine.

VANNI (Francesco)

495. La Vierge sur un trône.

Pierre noire et sanguine.

ECOLE ITALIENNE (XVIe siècle)

496. Jeune Seigneur avec toque et couvert d'un manteau.

Plume. Cachets des collections Reynolds etc.

ECOLE ITALIENNE (XVIIe siècle)

497. L'Adoration des Mages.

Plume et lavis, rehaussé de blanc, sur papier plâtré.

TABLE DES MATIÈRES

GRANDE IMPRIMERIE DU CENTRE. — HERBIN, MONTLUÇON

www.ingramcontent.com/pod-product-compliance
Ingram Content Group UK Ltd.
Pitfield, Milton Keynes, MK11 3LW, UK
UKHW020341180726
13839UKWH00002B/838